2016

中国农垦统计年鉴

CHINA STATE FARMS STATISTICAL YEARBOOK

中华人民共和国农业部农垦局
中国农垦经济发展中心 编

中国农业出版社

《2016中国农垦统计年鉴》编辑委员会

《2016中国农垦统计年鉴》编辑人员

2016 ZHONGGUO NONGKEN TONGJI NIANJIAN BIANJI RENYUAN

主　　编：路亚洲

副 主 编：彭　艳　王　生　赵　蕾　程维歧　陈炫汐

编辑人员：（按垦区顺序排列）

吴家雄　张　维　杨惠敏　高保萍　吕　红　刘淑惠　李美祎

于春艳　沈轶敏　端　静　李　露　闫崔峰　张敏志　万燕燕

张同政　田　甜　黄　坤　罗超意　刘鸿飞　古夏宇　韦汉东

梁园园　周　莹　徐　东　王　犁　周　力　于智勇　李子巍

白永录　蒋　玲　陈　宁　赵海涛　闫香国　欧春莹　谭　华

姜丹丹　王晓宇　赵喜君　赵　蕾　李　静　陆雅丽　于　鹏

王　峰　钟　鑫　王盼盼

数据处理：程维歧　于　鹏

审　　核：陈炫汐

首农 SUNLON

都市农业项目 紫谷伊甸园

河北首农定州园区现代化牧场

三元食品现代化生产线

双河农场30万吨现代化稻谷加工厂投入使用

北京首都农业集团有限公司的前身是1949年9月成立的平郊农垦管理局，2009年4月，经北京市人民政府批准，由原三元集团、华都集团、大发畜产公司重组成立。六十多年来，首农集团肩负着“立足农业，服务首都”的历史使命，发挥着“创新农业科技、奉献安全食品、提供应急保障”的重要作用，是北京市的“菜篮子、米袋子、奶瓶子”，为我国农垦事业和农业现代化发展做出了应有的贡献。

首农集团资产总额700亿元，京内外土地220万亩，员工近4万人，国有全资及控股企业64家，中外合资合作企业29家，境外企业7家，其中北京三元食品股份有限公司为上市公司。

首农集团形成了从育种、养殖到加工、配送、销售的“全产业链”发展模式，构建起以“食品加工与贸易、现代农牧业、物产物流业”为主业、一二三产融合发展的产业格局，拥有“首农”“三元”“八喜”等一批知名品牌，并与麦当劳、丘比、壳牌、复星、华信等多家知名企业合资合作，具有较强的市场竞争力和品牌影响力。

首农集团牢牢把握首都城市战略定位，主动融入京津冀协同发展，深入推进农业供给侧结构性改革，示范引领农业现代化建设，按照“瞄准尖端、打造终端、服务高端”的发展方向，落实“千亿首农、美丽首农、法治首农”战略布局，全面增强内生动力、发展活力和整体实力，努力打造中国农业第一品牌，建设具有国际竞争力的现代农业企业集团。

河北首农定州现代循环农业园区苜蓿种植区

北京首农股份有限公司

百年栗园会员农场

北京首农股份有限公司（以下简称“首农股份”）隶属于北京首都农业集团有限公司，是集白羽肉鸡、蛋鸡、北京鸭、北京油鸡和动物保健五大产业于一体的国家级农业产业化重点龙头企业，拥有国家级北京鸭品种资源保护场、全国较大的北京油鸡生产基地、国内较具实力的蛋鸡育繁推一体化体系以及京津冀地区较大的白羽肉鸡全产业链加工基地。首农股份长期坚持全产业链一贯化管理模式，积极践行企业社会责任，在消费者心中树立了优良的形象，在2008年北京奥运会上被指定为唯一的鸡肉供应商。

首农股份拥有华都、华都食品、峪口禽业、百年栗园、三元金星等国内知名品牌，通过合资合作被授权使用AA、CEVA、NISSUI等国际知名品牌。截至2016年年底，首农股份资产总额37亿元，年销售收入31.4亿元，员工人数7 938人。

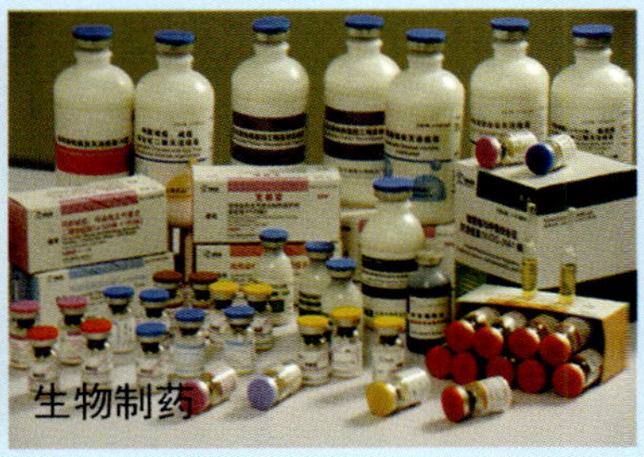

白羽肉鸡产业

- 建立了集良种繁育、饲料生产、肉鸡养殖、食品加工、销售为一体的“一贯化”食品安全经营体系，打造“从田间到餐桌”的安全食品
- 合资建立了AA+种鸡繁育基地
- 是2008年奥运会唯一指定供应商
- 产品出口至日本、韩国、新加坡等国家

蛋鸡产业

- 培育出具有自主知识产权蛋鸡品系:京红、京粉、京白
- 世界三大蛋鸡育种公司（中国YK、德国EW、荷兰HG）之一
- 年销售蛋用商品代雏鸡2.1亿只，国内较具实力的蛋鸡育繁推一体化企业
- 蛋种鸡占中国市场40%以上份额

北京鸭产业

- 拥有国家级北京鸭品种资源保护场
- 年销售父母代种鸭14.55万套，屠宰加工1 233万只/年
- 专注于北京烤鸭市场
- 占据中国中高端烤鸭原料市场90%的市场份额

北京油鸡产业

- 素有“中华官廷皇鸡”之称，是农业部国家畜禽资源重点保护品种
- 拥有全国较大的北京油鸡育种、研发、生产基地
- 具有肉、蛋兼用的地方土鸡特色，满足高端市场需求
- 年销售各类油鸡产品100万只，销售高端油鸡鸡蛋2 100万枚

动物疫苗产业

- 与全球领先的家禽疫苗企业法国诗华合资
- 拥有家禽、家畜疫苗研发、生产、销售、服务体系

海南省农垦投资

海南省农垦投资控股集团有限公司总部大楼

“八八战略”招商大会

三亚南田好汉坡国际酒店

海南省农垦投资控股集团有限公司（简称海垦控股集团）系海南省政府直属国有独资企业，现有下属二级企业17家（上市公司1家，即海胶集团）、农场公司28家，未转企改制农场3家，在职职工8万多人。

海垦控股集团孕育于1952年1月创建的海南农垦，前身是海南省农垦总局和海南省农垦集团有限公司，属中国第三大垦区。2015年年底根据党中央、国务院和海南省委、省政府的重大决策部署，全面推进以“垦区集团化、农场企业化”为主线的新一轮海南农垦改革，在原海南省农垦总局、原海南省农垦集团有限公司基础上组建海垦控股集团，并于2015年12月29日正式挂牌成立，承接原海南省农垦总局和海南省农垦集团有限公司经营性国有资产权益。海垦控股集团总部设在海南省海口市，下属企业、农场主要分布在除三沙市外的海南省各市县境内，拥有土地总面积1 041.3万亩，创建了全国较大的天然橡胶生产基地和重要的热带作物生产基地。目前，旗下的海胶集团天然橡胶种植面积353万亩，年自产干胶能力15万吨以上，年橡胶加工能力30万吨以上。

海垦广场

控股集团有限公司

海垦控股集团成立运作以来，按照建立现代企业制度的要求，构建了公司法人治理结构和经营管理体系，实行规范的市场化运作；全力推进垦区集团化、农场企业化、农垦社会职能管理属地化等重点改革，取得了重大突破和明显的阶段性成效；着重实施的“八八战略”（即发展天然橡胶、热带水果、热带作物、草畜养殖、南繁育种、旅游健康地产、商贸物流、金融服务八大产业，建设桂林洋国家热带农业公园、万宁槟榔城、五指山金江茶文化产业园、红光草畜产业园、南田国家现代农业示范区、三亚凤凰谷乡村文化旅游区、南滨国家南繁种业园区、南平医疗养生产业园区八大园区），展现了充满希望的勃勃生机，相应组建运营的八大专业化产业公司发展势头强劲。目前，桂林洋国家热带农业公园、万宁槟榔城、三亚凤凰谷乡村文化旅游区、南平医疗养生产业园、南滨国家南繁种业园区、红光草畜产业园项目已相继开工建设，其他园区前期工作正在积极推进。

目前，海垦控股集团正以全新的视角、全新的要求和创新、协调、绿色、开放、共享的发展理念，借助海南生态环境、经济特区、国际旅游岛三大优势，进一步深入推进农垦改革，加快实施“八八战略”，努力把海南农垦打造成海南经济新的增长极和国家热带特色农业示范区，再创海南农垦新辉煌！

海拉尔农垦

党委书记、董事长、局长　李洪斌

2016年是“十三五”开局之年，也是垦区加快发展现代农业、经济平稳发展、职工稳定增收、民生得到显著改善的一年。

经济保持稳定增长

实现总收入62.36亿元；实现国内生产总值24.65亿元；完成基本建设投资15.44亿元，其中生产性投资4.45亿元、非生产性投资10.99亿元。

不断加强现代农业建设

2016年，垦区以建设现代农业为主线，主动适应市场，积极转变发展方式，进一步加大结构调整力度，抵御了极其罕见的特大旱灾，按照“增麦豆、减玉油、提杂粮、扩经饲”的思路调整种植结构。

不断提高科技支撑力

开展了85项试验示范，启动了强筋小麦品牌战略，推行农作物高效栽培技术，提升小麦、大麦、油菜、玉米和大豆的综合生产水平。与中国科学院、中国农业科学院建立技术交流机制，在作物品种、新技术示范、智慧农业物联网建设等方面广泛开展合作。

不断加强农田水利建设

水利是农业的命脉，雨养农业的耕种形式，已严重制约垦区农业发展。为此，垦区下大气力推进水利项目，对近百万亩耕地水源地引水工程做好前期规划设计，建立健全水利设施管护制度，积极探索现代高效节水灌溉模式，推广新型节水和水肥一体化新技术。

重温入党誓言

农机展示

闻名遐迩三河牛

高标准农作物

水利建设

特色养殖

现代化挤奶平台

农垦有机产品

小城镇建设

设施农业园

不断促进畜牧业转型升级

畜牧业以转型升级为重点，积极推进乳业、肉业和草业发展，加快生态草牧业建设步伐，努力提高畜牧业收入和市场竞争力。大力推行“421”园区建设管理模式，新建、续建奶牛养殖场14个，入驻奶牛2 414头；新建肉羊养殖园区6个，入驻肉羊2 500只；人工牧草种植18.69万亩；加大特色养殖产业发展力度。

不断提高民生服务水平

坚持高度重视和广泛关注民生，使广大职工群众成为改革发展的最大受益者。重新制定了《薪酬管理试行办法》，切实提高基础生活保障，使职工的收入显著提高；全面完成“十个全覆盖”工程，完成了166个生产队的建设任务及29个生产队的整体搬迁任务；积极推进项目建设和管理，投入资金5.99亿元，实施各类项目147个，有效地改善了生产条件，提高了粮食综合生产能力，助推了现代农、牧、游产业协调发展。

2017年发展思路

加快发展农、牧、游三大产业为主线，培育建设13个种养基地为支撑，不断深化供给侧结构性改革，积极打造大健康产业。紧紧围绕“稳农、强牧、兴旅、搞活流通”的经营方针，强力推进“乳、肉、草、粮、薯、游、药、糖”八大产业发展体系，坚持“调优、调高、调特”的原则，由粮转饲、为养而种、为加而种、为加而养，努力构建粮、经、饲、特四元经济结构，积极生产名、优、特、精、专产品，努力培育农垦品牌。

加快发展现代农业

发展现代农业是经济发展的首要任务，近年，垦区农业发展方式有了新的转变，结构调整取得了新的进展，农业生产标准化、机械化、科技化等水平有了新的提高，从目前发展情况看，需要全力推进“调结构、强基础、抓科技、上品质、抓安全、突绿色、创有机、抓园区、抓订单、抓示范、抓培训”等各项工作。

稳定发展畜牧业

借助国家支持草牧业的良机，依托中国科学院的技术支撑，实施“乳、肉、草”战略，积极培育奶牛、肉牛、肉羊养殖基地，三河牛、优质肉牛良种繁育基地，推广“12363”高效肉羊养殖模式，修复和改良天然草场，扩大人工草地规模，引进乳肉加工龙头企业，拉动草牧业发展，促进畜牧业转型升级，年内计划实现畜牧业产值20亿元。

加快旅游产业破题

旅游业定位为垦区第三大产业，对旅游业按照“四促进、一提高”发展定好位、谋好局、借好力、带好队。依托自然资源、多元文化底蕴，打造具有鲜明农垦特色和优势凸显的旅游景区景点。

创新机制添活力

宁夏农垦奋力开创改革发

葡萄美酒西夏王

2016年，是宁夏农垦集团深化改革、转型发展的重要一年。一年来，宁夏农垦抢抓中央和自治区推进农垦改革发展的重要战略机遇，大力推进企业转型升级、产业提质增效、经营机制创新、管理规范有序，着力调结构、强主业，去库存、补短板，降成本、增效益，加快集团化、企业化、市场化进程，全面增强农垦集团内生动力、发展活力、整体实力。

创新体制机制，改革活力进一步释放

深入贯彻中共中央及自治区关于推进农垦改革发展的决策部署，不断推进体制机制创新和经营管理创新，着力加快集团公司向现代企业转型。**健全企业法人治理结构**。严格执行党委会、董事会议事规则，制定总经理办公会议事规则，设立董事会战略规划委员会、薪酬与考核委员会、审计委员会等三个委员会，致力提升决策能力和水平。**推行事业部制管理**。引入现代企业管理模式，围绕主导产业发展，设立了农场事业部、现代牧业事业部、服务业事业部、酒业事业部4个事业部，推动关联产业资源整合、联动发展，着力打造产业经营责任中心和利润中心。**创新农场土地经营机制**。开展土地托管、租赁经营、统一服务等经营试点，探索出了一条适应市场化、规模化集中经营新模式，提高了土地收益率。灵武农场被农业部授予“全国农业先进集体”荣誉称号。**顶层制定发展战略**。面向社会公开招标，由北京华夏基石企业管理咨询公司为集团编制发展战略规划，企业定位和发展方向进一步明确。**加快剥离社会职能**。顺利将8个易地扶贫搬迁和生态移民安置区中的6个移交属地政府管理；完成了16家单位“三供一业”基本情况摸底调查，为下一步移交奠定基础。

加快转型升级，产业效益进一步提升

聚焦现代农业主业，秉持“一特三高”理念，突出四个产业板块，推动一二三产融合发展，着力提升优势特色产业发展

葡萄成熟时

玉泉国际酒庄正门

转型升级 增效益

展新局面

沙湖·水绕沙丘

质量和效益。**种植业结构趋于优化。**大力实施高效节水灌溉，创建农业部万亩高产示范区5个，发展绿色优质水稻5.5万亩，全年生产优质粮食37.4万吨。优化作物布局，在确保粮食总产稳定的前提下，增加了饲草料和其他经济作物的种植。**草畜产业降本增效。**奶业实施节本增效与市场开拓双轮驱动，鲜奶每千克成本降低0.54元，全年销售鲜奶15.3万吨，同比增长4%，实现利润3 800万元，有效应对了乳品市场低迷的冲击。**葡萄产业企稳向好。**面对葡萄酒市场持续低迷的局面，多措并举，稳定基地种植面积，推行葡萄标准化管理，提高机械化作业水平，通过架型改造，提升葡萄品质，11个标准园入选自治区级优质葡萄园。**服务业持续发展。**融入自治区全域旅游发展，全年接待游客105万人次，主营业务收入达1.7亿元，沙湖荣获"全国顾客满意行业十大品牌"，成为全国旅游行业唯一获此殊荣的企业；加大房地产"去库存"力度，促进存量房屋销售。宁垦电商在中宁、红寺堡、海源、西吉设立电商扶贫创业孵化园。集团公司控股、社会资本参与，成立宁垦金控公司，培育新的经济增长点。

强化企业管理，经营行为进一步规范

加快集团去行政化，促进现代企业规范运营。强化依法治企，清理原有的行政事业制度，按现代企业要求开展规章制度"废、改、立"，建立修订完善制度43项，规范项目、财务、资产、薪酬等管理，用制度管人管钱管事的现代企业管理体系逐步形成。**强化土地监管。**开展土地规范管理试点，对承包土地清查核准，推进垦区土地分割办证，确保国有资产保值增值。

夯实发展基础，发展后劲进一步增强

强化项目支撑。把项目投资建设作为增强企业发展后劲的重要抓手，实施农业基础设施、生态移民、场镇建设、危房改造、文化旅游等重点项目42个。**提升产品质量和品牌建设。**推进农产品质量安全体系建设，扩大"三品一标"和农产品质量追溯覆盖面；**推动科技创新。**现代农业示范引领能力不断增强，新增高效节水灌溉面积5.24万亩，推广滴灌水肥一体化技术；"葡萄脱毒试管苗周年工厂化生产工艺"获得国家专利，培育的6个鲜食葡萄组培脱毒品种，填补了宁夏空白。**加强人才队伍建设。**面向社会公开聘用优秀专业技术人员90名，多层次、多领域开展干部职工培训1 200人次。

保障改善民生，和谐稳定局面进一步巩固

争取和落实国家及自治区强农惠农及各类社会事业资金4.8亿元；推进"美丽农场"建设，完善基础设施，改善场镇面貌，职工生产生活条件逐步提高。加强企业文化建设，加大企业宣传力度。大力开展平安农垦建设，落实安全生产责任，全年没有发生安全生产事故。完善信访工作机制，开展矛盾纠纷排查排解，维护了农垦改革发展稳定大局。

全面从严治党，党的建设进一步加强

坚决落实全面从严治党主体责任，认真贯彻落实党的十八届六中全会和全国国有企业党的建设工作会议精神，认真开展"两学一做"学习教育，扎实推进党风廉政建设，进一步营造了风清气正的发展环境，为深化农垦改革发展提供有力的组织保证。

宁夏农垦将继续把农垦改革引向深入、迈上台阶，以农业供给侧结构性改革为主线，创新机制添活力，培育龙头壮产业，强化管理促规范，夯实基础增后劲，强力推进企业转型升级，着力提高发展质量和效益，切实保障和改善民生，全面加强党的建设，奋力开创农垦改革发展新局面。

旋转挤奶厅

夏粮丰收

陕西省农垦集团
合阳葡萄种植基地

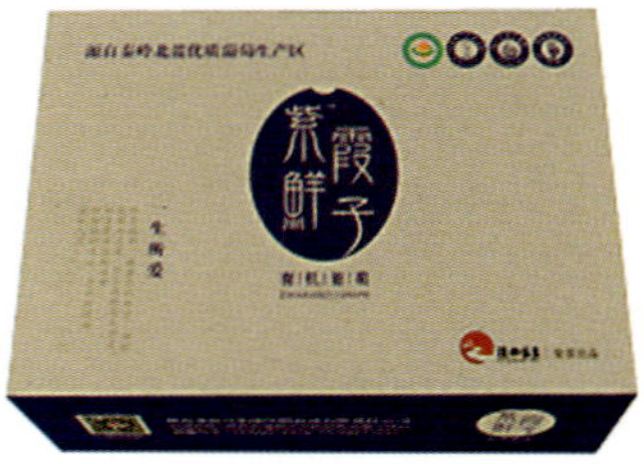

合阳葡萄种植基地隶属于陕西省农垦集团华阴农场有限责任公司，基地创建于2012年。总投资5 500万元，园区种植葡萄1 200亩，其中红提570亩，户太八号葡萄330亩均已进入盛果期。

园区搭建了以电子商务营销为龙头，以信息化为纽带，以权威质检机构及全程溯源体系为保障，以标准化生产加工为示范的葡萄生产溯源综合服务平台。建立了一整套信息化的管理模式，从线下果园生产，到产品溯源监测，再到线上电子商务平台的销售，形成了B2C模式的商家对消费者的服务模式，发展“云端”葡萄果业的全程跟踪销售产业链条。

园区计划以现有的葡萄生产园为基础，以葡萄传统文化为线索，以满足人们回归自然的愿望为设计理念，通过古典园林的造景手法与现代相结合的园林形式，将生产与观光采摘相结合、将景观与功能相结合，同时要满足观光采摘客的景观需求，布局不拘一格、丰富多彩，为人们创造一个集观光采摘、科普求知、休闲娱乐为一体的综合性庄园。

（供稿：李 汤）

江苏农垦

苏垦品牌

江苏农垦诞生于1952年，前身是由毛泽东主席签署命令，人民解放军原步兵第102师整建制转为农业建设第四师，在江苏“屯垦戍边”创建的一批国有农场。1996年11月，经江苏省政府批准，改制为江苏省农垦集团有限公司，同时挂“江苏省农垦事业管理办公室”牌子。经过六十多年的改革发展，江苏省农垦集团形成了以现代农业为核心、多元发展为支撑的产业体系，农业现代化水平和主要经济指标连续多年居全国农垦系统和江苏省属企业前列。目前，集团拥有土地181.8万亩，直属企事业单位44个，其中国有农场18个。2016年集团实现营业收入232亿元，利润总额38亿元，归属集团母公司所有者权益102亿元，同比分别增长6%、23.1%和30.6%。

苏垦大米

生产线

近年来，江苏农垦坚持改革创新、开放发展，努力建设现代农业大基地、大企业、大产业。打造优质发展平台，整合农场种植业资源和种业、米业、农资服务业3个龙头企业组建苏垦农发公司，被农业部农垦局肯定为全国农垦构建国有现代农业发展体系的主要方向和主要样板，并成功在上交所主板上市；构建以苏垦农科院为核心，集研发、推广、应用于一体的农业科研创新平台，并成功引进中德作物生产与农业技术示范园和两个院士工作站。突出科技创新驱动，农业科技进步贡献率达68%，农业技术人员在一线农业职工中占比30%，主要农作物耕种收综合机械化水平98%，麦稻秸秆还田率达100%，“农技人员+农机化”成为主要生产方式。强化质量效益管理，开展稻麦绿色生产技术集成推广，实现麦稻产量、亩增效、肥料农药用量“两增一减”，“苏垦”大米在全国率先构建“从田头到餐桌”的质量可追溯体系，质量追溯面积67万亩，占全国20%以上，先后被评为中国名牌农产品、中国名牌产品、中国十佳粮油（食品）品牌和“我最喜爱的江苏商标”唯一大米入选品牌。

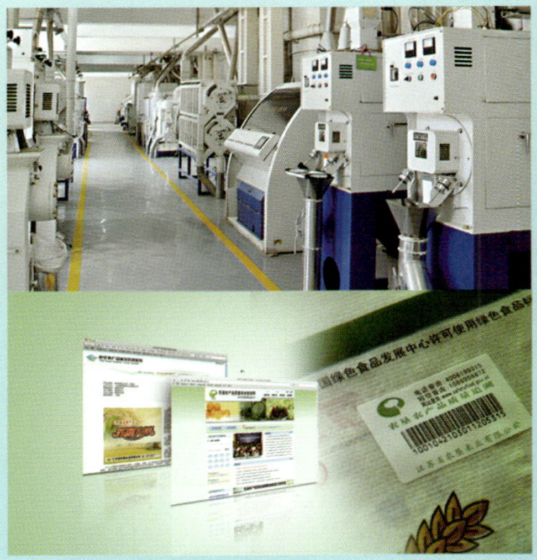

质量追溯

农业科技人员在做油菜航天育种实验

喷药机灭草作业

内蒙古农垦

内蒙古农牧业厅王国林副厅长在垦区调研

内蒙古农牧业厅农牧场管理局王慧忠局长调研畜牧业发展情况

内蒙古农垦现有104个国有农牧场，分布在10个盟市、44个旗县区(市)。现有土地面积约8 000万亩，其中耕地990万亩，草原3 600万亩，林地370万亩。垦区总人口49.5万人，在岗职工近10.7万人，企业离退休人员6.1万人。

2016年实现生产总值119.7亿元，人均纯收入13 628元，实现营业收入46.1亿元。种植业发展平稳。通过结构调整，发展设施农业，开展科技培训，推广保护性耕作和节水灌溉技术，扩大了测土配方施肥等增产新技术应用面积，粮食播种面积达到719 450公顷，产量178万吨，油料产量21.5万吨，分别在全国农垦的排序中居第3位和第2位。同时加大了机械化作业面，耕种收综合机械化率93%。

畜牧业生产方式得到转变。分散饲养逐步转变为规模化、标准化养殖，形成规模养殖基地；特色养殖发展较快，通过实行“科研单位+龙头企业+养殖户”的合作模式，垦区肉羊、肉牛产业链条得以延伸，增强了农牧民的抗风险能力。牧业年度牲畜存栏为423万头(只)，肉类总产量9.6万吨，牛奶产量26.7万吨。肉类总产和牛奶总产量居全国农垦前列。

航化作业

广垦橡胶海外橡胶种苗基地

广东农垦：

当好保障国家战略资源有效供给的国家队

广垦橡胶与泰华树胶战略合作签字仪式

近年来，广东农垦积极实施“走出去”发展战略，广泛参与“一带一路”建设，大力投资东盟发展天然橡胶实业，争当农业对外合作排头兵。

2016年8月26日，广东农垦旗下的广垦橡胶集团有限公司成功并购泰国泰华树胶公司60%的股份，跃升为全球较大的天然橡胶全产业链经营企业。随着并购的完成，广东农垦在海外拥有200万亩天然橡胶种植面积，年加工能力达到150万吨，可控制的天然橡胶资源总量近200万吨，占全球总产量约1/5。这将大幅提升我国天然橡胶的供应保障能力，有效满足高端胶和军工胶的需求，有望扭转我国在天然橡胶话语权上的弱势格局。

广垦橡胶海外花园式厂区——广垦橡胶（湄公河）有限公司

盘锦辽东湾农垦集团有限公司成立于2010年，是一家主要从事有机水稻生产种植的现代农业企业。公司现有管理人员、各类技术种植人员近120人，总部设在辽宁省盘锦市辽东湾新区，下设农业、林业、苇业、水利四个分公司。

老坨子有机水稻生产基地是2012—2014年开发复垦的项目，该地块未经过任何农药、化肥污染，开发后就一直从事有机水稻种植，现已得到了国家级五岳华夏认证中心有机认证。

“美域颂”真正的有机大米，其水稻种植期间未喷洒任何农药化肥，全部采用人工除草，物理方法灭虫——杀虫灯灭虫，取得了很好的效果。

2016年公司已对有机基地的7 000亩水稻进行硒、锌、钙等元素的喷施，使公司的有机大米成为富硒含锌的功能性大米。

辽东湾农垦集团成功注册了“美域颂”有机大米商标，且被国家级认证中心认证并发放了有机证书。同时，公司为了打造人们对有机大米的更高要求，生产出了普通有机米、精品有机米、家庭有机米，婴幼儿用的“宝宝米”，孕产妇用的“妈妈米”。

随着公司的进一步发展，公司将不断拓宽业务范围，坚持“以人为本、质量第一、服务至上”的理念，扩大“美域颂”品牌对消费者的影响力，打造健康、美味、阳光、放心的企业品牌文化。公司以诚为本，以“绿色有机、健康”为发展目标，坚持中高档客户路线，走品牌之路，占领中高端市场，严抓产品质量，生产消费者认可的良心大米、优质大米，逐渐形成“绿色有机高档大米健康消费”观念，让家中的大米也能体现消费者的品位、身份和自身价值。

美域颂
有机大米

公司承诺坚持宁缺勿滥，严抓产品质量，为消费者供应安全可靠的食品。公司将充分依托农业现代化设施，致力于生产消费者放心的有机大米。依托盘锦得天独厚的土壤和辽东湾的绿色资源，进一步开源节流、努力发展，在现有项目不断推进的情况之下，继续挖掘本地资源，做大做强“美域颂”有机大米品牌，让人们吃到真正的“能吃出健康”的有机大米。

辽东湾农垦集团有限公司
Liaodong Gulf Farms Agribusiness Group Co.,Ltd

广西农垦国有西江农场

西江体育馆

西江农场文化展厅

西江家和居建材广场

广西农垦国有西江农场于1953年建场，隶属广西壮族自治区农垦局，属国有大型二档企业。地处西南地区最大的内陆港口贵港市，位居“黄金水道”核心地带，区位优势明显。现有土地10.91万亩，下辖13个农业分场、6个公司及8个改制工业单位，1个社区。截至2016年年底，全场辖区内现有人口30 084人，其中在职职工1 338人，退休职工2 379人。

农场以甘蔗产业为主业，种植甘蔗面积4万亩，年产料蔗24万～26万吨。近年来，农场积极进行产业结构调整，大力发展物流业、现代特色农业等新兴产业，为企业转型注入活力。先后开发建设了陶然花园、瑞安花园、凯旋国际、中央花园、西江绿城•香榭里花园等房地产项目；建设有钢材市场、木材市场、西站旧货市场和七里桥仓储、西江综合商贸城、家和居建材市场、悦邦家居市场、新华农贸市场等一批专业市场。规划建设有5 000亩的现代休闲、观光农业基地和国家级蔬菜标准园。

农场先后荣获广西农垦经济效益突出贡献奖、广西农垦企业管理优秀单位、贵港市纳税大户、自治区和谐企业、自治区文明单位、全国创先争优先进基层党组织、自治区先进基层党组织、自治区农垦文明单位、贵港市文明单位等多项荣誉称号。

文化广场全貌

蔗海接蓝天

水乡园林 生态乐土

发展中的湖北省国营后湖农场

湖北省国营后湖农场始建于1957年，拥有国土面积72平方公里，人口3万人。60年的风雨历程、60年的艰苦创业、60年的天翻地覆！几代农垦人用热血和汗水在昔日的荒湖滩上绘就了一幅壮美的篇章。

后湖工业园正展开腾飞的翅膀。

依靠沪渝高速、234国道、318国道等数条公路主干线在后湖互通式立体交汇的区位优势，工业园正不断发展壮大，已有世界500强企业——正大集团、中国小龙虾交易中心等20余家企业落户园区。独特的地理位置、良好的基础条件、优越的投资环境，正招徕有识之士前来投资兴业。

返湾湖湿地公园正凸显迷人的魅力。

位于农场境内的返湾湖系古云梦泽一角，由洞庭湖及汉江多次溃口冲积而成，属典型的江汉平原湖泊群中的浅水型湖泊，水乡园林和湖区景观特色别具一格。随着湿地生态修复工程的推进，生物种群不断丰富，湖面水鸟群居翻飞，水中游鱼追逐嬉戏，一幅生动的和谐生态图令人流连忘返。

返湾湖采莲

返湾湖国家湿地公园一景

后湖特色小镇正构筑宜居的家园。

镇区建设突出水乡园林特色，各项基础设施及休闲娱乐场所不断完善；以5 000亩桃园、20 000亩生态特色养殖、10 000亩绿色高效种植为依托的休闲生态观光农业已迈开坚实的一步；诗词楹联学会、舞蹈协会等文化团体正引领着各类文化活动的蓬勃开展，彰显着浓郁的湖乡文化气息。

广场舞大赛

“返湾湖湿地杯”后湖农场第三届广场舞大赛颁奖现场

返湾湖国家湿地公园一角

湖北省国营五三农场

荆门市委书记别必雄（前排左二）慰问五三农场受灾群众

2016年，五三人高举“中国农谷”旗帜，围绕“中国农谷”战略和“三区三中心”建设，遭遇百年罕见洪灾，全场经济保持“总量扩张、快速增长、质效兼取”态势，生产总值21.78亿元，同比增长9.8%，固定资产投资32.52亿元，同比增长19.05%，全年策划项目411个，总投资2 010亿元。

生态高效农业示范区建设扎实有序。组织推广8种高效生态种养模式近7万亩。建设香稻嘉鱼等7种“一高三新”模式试验示范基地2 300亩。控制农业用水总量，落实水改旱5.8万亩。启动4万亩土壤修复行动计划。打造“两清两减”（清洁种植、清洁养殖，农药减量、化肥减量）工程，全域4万亩封闭种植开始实施。“五三现代农业公司+办事处分公司+合作社+农工”公司化经营模式不断优化。

生态农产品加工集聚区建设顺利推进。罗汉寺办事处完成玫瑰、雪菊、红巧梅、金槐等花卉种植面积7 400亩，汇农业农产品加工、鑫盛面粉精深加工、巨海薯业、绿普旺水生蔬菜加工4个项目完工，湖北凯利迪食品、宝得瑞健康食品加工、红豆杉深加工等一批新项目正在加紧规划和建设中。

中国工程院院士尹伟伦（左三）
在五三农场指导林业灾后工作

农耕文化旅游区建设初步形成“三带四线”景区格局，完成盛世桃园景区1 355亩植物种植和玫瑰产业园加工区建设。屈家岭文化遗址启动第五次发掘，“四馆”（文化馆、档案馆、图书馆、美术馆）建设和“东方陶都”建设如火如荼。成功注册农谷系列商标214件、标识版权6套、“互联网+农谷”等商标9件。农谷小镇、奈美芳香小镇、玫瑰小镇、白鹿春小镇开工建设。

长江流域农业科技创新中心建设成效凸显。中国农谷院士村投入运营，中国农业科学院农谷分院和荆门农科院正式挂牌运行，与中国农业科学院、湖北省农业科学院等10多个科研院校开展合作，正在建设中国农科院农产品加工成果转化园、华中农业大学（食品类）科技成果转化园、武汉农科院加工成果转化园和湖北工业大学科技转化园。

华中现代种业中心建设顺利，围绕马铃薯、甘薯、蓝莓、梅花鹿10余家种业资源，与中国农业科学院、华中农业大学等10多所高校及科研院所合作，建设国家马铃薯工程技术研究中心、杂交油菜种子研发加工中心、华中水生蔬菜良种繁育中心和种业种苗产业园，巨海薯业成立国家甘薯产业技术体系良种繁育示范基地，建成种薯繁育基地5 000亩，绿普旺完成1 000亩水生蔬菜繁育基地建设，联想佳沃蓝莓建成种苗繁育基地，年繁育蓝莓苗100万株，长滩黄桃基地新建优质桃苗繁育基地年产优质桃苗200万株，玫瑰产业园基因库建设完成，收集玫瑰基因800余种，御海生物龟苗繁育基地建设完工，年繁育龟苗200万只。

南方农业机械装备研发制造推广中心完成农机装备研发推广运营中心规划，实行定制化与个性化的研发和生产，引进河南豪丰农机装备制造、洛特福农机装备制造企业，成功申报1家国家级示范农机专业合作社。5月份承办“三省一市”（湖北、湖南、陕西，驻马店市）农机跨区作业安全联席会，有证跨区作业面积72万亩。全区成立农民专业合作社142家，入社农工5 368户，注册金额7.6亿元。

第十二届中国（荆门）菊花展览会五三农场展区

月宝山桃园

屈家岭步行街夜景

五三农场彩釉黑陶作品在中国国际文化艺术博览会主展厅展出

月湖公园一角

广东省广前糖业发展有限公司

广东省广前糖业发展有限公司（简称广前公司）位于广东省湛江市遂溪县境内，是一家大型国有企业，拥有土地面积18.46万亩，耕地面积13.1万亩，甘蔗种植面积7万多亩，年产甘蔗40万吨以上，同时发展水果、林木、花卉、蔬菜等产业，是广东省重点农业龙头企业、国家甘蔗机械化生产试验基地、广东农垦湛江垦区国家现代农业示范区的核心区。广前公司现有总人口17 087人，在职职工2 132人，2016年实现国内生产总值48 654万元，营业收入34 230.4万元，利润总额3 578.2万元，劳均收入4.275万元。

广东农垦湛江垦区国家现代农业示范区是农业部2010年确定的全国第一批51个国家级现代农业示范区之一，2016年经农业部、广东省人民政府批准，由湛江市政府和湛江农垦局共同在广前核心区承建国内首个国家热带农业科技园（广东省雷州半岛现代农业示范区）。广前科技园占地9 678亩，将现代农业示范与休闲旅游观光相结合，辐射带动整个雷州半岛现代农业的全面开发，促进一二三产业相互融合，使之成为全国领先的现代特色农业展示区、样板区、示范区。

广前公司积极围绕广东农垦“三个定位”“两个率先”总目标，以广前科技园建设为中心，以推进农业供给侧结构性改革为工作主线，找准企业定位，创新发展模式，大力发展现代农业，促进产业转型升级，努力建设“魅力广前、法治广前、文化广前、和谐广前”，推进各项事业全面发展。

采摘航天番茄

高温食用菌温室栽培

湛江农垦大面积甘蔗机械化喷药、施肥

燕塘
股票代码
002732
Date of production:
生产日期（批号）：
燕塘
燕塘
鲜牛奶
fresh milk
全脂巴氏杀菌乳
100%鲜奶
净含量:946ml
燕塘牛奶
立体终端
物流运输
品控检测
饲草种植
研发加工
奶牛养殖
卓越品控 优鲜为您
一体化全产业链全效保障
一杯奶的承诺
一甲子的陪伴
400-888-1956

光明种业有限公司成立于2011年11月18日，是光明米业（集团）有限公司的全资子公司。公司注册商标："自然之子"，注册资金5 000万元，现有总资产1.1亿元。公司拥有一个全资子公司——上海海丰大丰种业有限公司（注册资本3 000万元）。主要从事农作物种子的选育、扩繁、生产和销售。

公司成立上海优质稻米工程研究中心，主要从事稻、麦良种的选育、扩繁、引进、试验、示范工作。近年来，公司培育了拥有自主知识产权的新品种分别通过江苏、上海审定、认定。

如光明粳1号、光明粳2号（原名银香28）、光明粳3号、光明糯1号、海丰一号5个水稻品种；申海麦一号、申海麦二号2个大麦品种；光明麦1号（06135）、光明麦2号（DF0734）、光明麦3号3个小麦品种。

此外，通过商业化育种途径，获得小麦扬麦11号、宁麦20，大麦花11、花22、海花1号、空诱1号和水稻花优14、苏稻5号、武运粳31、宁粳1号等品种的经营权。同时选育出光明粳0309等一系列小麦、水稻新品系，目前正在参加国家长江中下游、上海市、江苏省、安徽省预试、区域试验。

公司注重加强与科研院所的合作，和上海市农业科学院共同组建"上海海丰优质稻麦工程研发中心"、和上海市农业科学院生物技术研究所共同组建了"上海啤麦细胞工程研发中心"，与上海交通大学生命科学技术学院联合开展水稻种源创新、分子标记辅助选育的相关研究。

公司拥有稳定的生产基地30万亩，分布在上海、江苏、安徽三个省（直辖市），全部是国有农场规模化管理，拥有良好的质量控制和保障体系。建有高标准的种子检验、检测实验室600米^2，特别是拥有国内先进的分子育种实验室，从美国和丹麦引进先进的烘干、加工成套设备四套，日烘干能力达到2 000吨；公司具有标准的种子仓库12 000米^2。年加工能力8万吨，硬件设施国内一流。

地址：上海崇明县跃进农场跃新公路1501号

http://www.brightseed.cn

图片说明：（由上而下）

烘干条线

加工精选车间

全程控制

质检工作

安全进库

成品仓库

光明种业有限公司

江苏省大华种业集团有限公司

科研大楼

江苏省大华种业集团有限公司成立于1993年，是农业产业化国家重点龙头企业、AAA级信用企业、国家育繁推一体化和中国种业信用明星企业。年种子销量30多万吨，是全国种子销量最大的企业。注册资本2亿元，下辖23家分（子）公司，净资产5.6亿元，员工600多人，是上市公司苏垦农发(601952)主要全资子公司。具有标准化种子生产基地60万亩，育种研究院下设3个研究所、2个南繁基地和15个生态试验站，研发人员60多人，自主培育审定品种43个，获省部级科研成果奖4项；“大华”牌水稻种、小麦种和大麦种为江苏省名牌产品。

标准化种子生产田

种子烘干车间

种子加工车间

河南黄泛区地神种业有限公司

观摩会

河南黄泛区地神种业有限公司是一个集种子科研、生产、经营及技术服务于一体的现代化种子企业，注册资本10 000万元。2011年与中农发种业集团股份有限公司通过股权转让，成为其控股子公司。

目前，公司下设两个分公司、一个农业科学研究所、一个海南育种基地。有稳定的标准化种子繁育基地面积12万亩。小麦、玉米、棉花、大豆、花生等作物自主产权品种19个，其中国审品种3个，省审品种16个。仓库容量6 000万千克，成套加工设备42台（套），日加工能力达200万千克，主产品小麦种子畅销豫、皖、苏、鄂、鲁、陕等省200多个县市，年均种子销售量5 000多万千克。

公司为中国种业信用骨干企业，中国种业AAA级行业信用企业，河南省农业产业化重点龙头企业，省级企业技术中心，河南省博士后研发基地，河南省电子商务企业。

河南省汤阴县畜牧场

河南省农业专家现场观摩培训会

汤阴县畜牧场有县城南宜沟镇索下扣村东和宜沟镇将城村东两个分场，是河南省一家农垦企业，主要以农业为主。全场总人口182人，有在职职工50人，退休职工50人。有固定资产400万元，在建工程150万元。总耕地面积1360余亩，主要由家庭农场承包。年产种子生产量65万千克。

汤阴县畜牧场自2014年作为安阳市农业局农业技术推广站一个长期定点试验示范基地以来，先后进行了50余个小麦、玉米新品种试验示范展示和小麦播量试验示范、高产攻关等技术研究，为小麦、玉米新品种、新技术引进推广提供了可靠依据。该试验基地还连续多年设立小麦、玉米高产攻关田，固定苗情监测点，并安装1套苗情数字化远程监控终端设备。通过无线传感器网络为开展大面积苗情监测预警提供科学依据，实现了苗情监测自动化、苗情动态可视化、苗情管理科学化，从而使苗情会商、诊断进入信息化时代。2017年3月15～17日，“河南省小麦春季苗情观摩与现场培训会”在汤阴县畜牧场进行了现场观摩，受到与会人员一致好评。

沧州临港经济技术开发区农科所

沧州临港经济技术开发区农科所其前身是中捷农场农业科学研究所，始建于1975年，单位自2008年来连续九年被评为沧州市农产品加工重点龙头企业，“渤捷”牌商标2015年12月继续被认定为河北省著名商标，2014年9月单位被河北省科学技术厅授予河北省科技型中小企业。

农科所拥有自主培育的两个小麦品种（旱地麦）：冀麦32和捷麦19。十几年来，冀麦32推广到沧州运东、天津南部和山东北部的广大盐碱地区，年推广种植面积在300万亩以上，仅沧州市年推广种植面积就在150万亩左右，是黑龙港流域的主要当家品种之一；捷麦19于2016年获得丰收，全场13 000余亩小麦平均单产达315千克，创建场以来小麦单产纪录，当年销售捷麦19麦种350余万千克。农科所自2015年起两年年销售收入分别为1 628.5万元和2 357.62万元。

农科所建有稳固的良种基地，常年繁育小麦面积超过1万亩，繁育大豆面积0.4万亩，每年完成农业试验及推广项目十余个，同时肩负着国家小麦综合试验站及国家大豆综合试验站沧州市站点的部分试验工作。单位具有国内较先进的检验设备；宽敞的仓储及晾晒设施；具有先进的小麦、大豆加工、筛选、烘干、包衣、计量等设备，年加工农作物常规种子能力400万千克以上。中捷产业园区投资3 500多万元的农科中心，已建成使用。

沧州临港经济技术开发区农科所将继续坚持质量第一、诚信第一的原则，与企业、农户及社会各界建立广泛的业务联系，共谋发展。

种子入库

桂热芒10号

审定编号：热品审2016003

选育单位：广西壮族自治区亚热带作物研究所
　　　　　贵州省亚热带作物研究所

主要选育者：黄国弟 吴泽欢 李日旺 陈豪军 莫永龙
　　　　　　冯国汉 龚德勇 周俊岸 赵英 张宇

品种来源：从黄象牙芒实生后代中选育而出。

特征特性：多年生常绿乔木，高2.5～3.5米。核果，长椭圆形，单果重350～550克，果喙呈乳头状突起，成熟时果皮呈黄色至深黄色。果核扁平，多胚。果实发育期约140天，大小年现象不明显。鲜果可食率71%以上，可溶性固形物含量21.46%，总糖含量21.2%，总酸含量0.18%，维生素C含量12.1毫克/100克。历年生产试验，平均亩产3 368.1千克。早结、丰产、稳产，果实外观好、大小适中、肉质细腻、纤维少，品质优，套袋果商品率高。

适应区域：广西右江河谷地带、贵州省南北盘江河谷地带。

推广应用：该品种已在广西南宁市、百色市推广种植超过100 000亩。

桂热芒3号

审定编号：桂审果2012009

选育单位：广西壮族自治区亚热带作物研究所

主要选育者：黄国弟 吴泽欢 李日旺 陈豪军 莫永龙 周俊岸
　　　　　　赵英 张宇 陆小平

品种来源：从黄象牙芒实生变异单株选育而出。

特征特性：多年生常绿乔木，高2.5～3.5米。核果，椭圆形，单果重305克，果喙点状突起，成熟时果皮呈黄色至深黄色。果核扁平，多胚。果实发育期135天以上，较晚熟，无隔年结果现象。鲜果可食率72%以上，可溶性固形物含量19%～25%。历年生产试验，平均亩产2 274.8千克。早结、丰产、稳产，果实外观好、大小适中、肉质细腻、纤维少，品质优，果皮稍厚，抗病虫能力强，耐贮运。2016年被农业部推荐为主导品种。

适应区域：广西、贵州、云南海拔300米以上的芒果适宜区。

推广应用：该品种已在广西南宁市、百色市和云南省永德县推广种植。

桂热芒82号

审定编号：（桂）登（果）2004009

选育单位：广西壮族自治区亚热带作物研究所

主要选育者：吴泽欢 陈豪军 黄国弟 朱朝恋 冯国汉

品种来源：从印度芒901号实生变异单株选育而出。

特征特性：多年生常绿乔木，高2.5～3.5米。核果，香蕉形，单果重275克，成熟时果皮淡绿色。果核扁平，单胚。果实发育期约130天，中晚熟，无大小年结果现象。鲜果可食率73%，可溶性固形物含量20.1%、可溶性总糖17%、可滴定酸0.51%、维生素C含量6.95毫克/100克。历年生产试验，平均亩产2 274.8千克。早结、丰产、稳产，果实外观好、大小适中、肉质细腻、纤维少，品质优。2016年被农业部推荐为主导品种。

适应区域：广西南宁市、百色市芒果适宜区。

推广应用：该品种已在广西南宁市、百色市和四川省米易县推广种植。

天津农垦龙天畜牧养

农业部领导来龙天公司指导工作

天津市有关领导与中国科学院验收课题组合影

中国科学院和天津市有关领导参观公司

外国友人来龙天公司参观

公司简介

天津农垦龙天畜牧养殖有限公司成立于2008年，隶属于天津市食品集团有限公司，注册资金为1 000万元，公司占地120亩，建筑面积26 000米^2，是一家集种驴、肉驴养殖经营、饲养、改良、繁育销售、技术培训服务为一体的大型综合养殖基地。

公司种公驴存栏40头，种母驴存栏3 600头，品种为公司改良繁育的优良大型驴种，包括乌头与三粉两种（其中以乌头为主）。公司建有大型半封闭养殖车间5座（每座可容纳400头），开放式养殖圈40个（每个可容纳60头），公驴饲养圈舍、产房各一处，以及2 000米^{2}的粪便处理场。并合理地将场区依据不同需求将其划分为公驴活动场、普通驴圈、子母驴圈、临产驴圈、种公驴圈等。

技术支持

龙天公司与高校进行产研结合，重点将种驴繁育体系及遗传评定技术、遗传改良及杂种优势高效利用技术运用到公司生产当中。公司一直采用的繁育方式即为人工授精，目前在高校专家指导下，公司业已形成相关技术团队，已熟练掌握人工授精技术，其配种成功率高达85%，这不但最大限度地发挥了优良种公驴的种用价值、提高种公驴的配种效能，同时还大大提高了母驴的受胎率，并且还促进了相关繁殖技术诸如同期发情等技术的研究与发展。

核心竞争力

经过8年来的选育，公司的驴种体型硕大，产肉、皮率高，产奶量高、品质好，生产性能佳，遗传性状稳定。并且于2016年4月，农业部与中科院的专家进行组对，就龙天公司肉用驴规模化养殖技术集成示范课题顺利经过鉴定验收。同时龙天还加入中国马业协会驴骡分会，积极开展各项驴产业发展的相关活动，极大地提高了社会的享誉度与知名度。

发展理念

公司将以种驴繁育为基础，市场需求为导向，诚信经营为原则，科技创新为动力，本着“诚信为本、科技领先、打造品牌”的企业宗旨，着重发展优质驴的良种繁育，先进技术的改良应用，以及驴产品精深加工的合作开发，势为打造中国较大的规模化、标准化、现代化、产业化、集约化大型综合养殖基地，引领中国驴产业的健康发展。